Rafael Lippuner

Von Spatzen verpfiffen

Überarbeitete Fassung

Aus der Sammlung AdS (Buch Eins, Version 15-d1)
Überarbeitete Fassung, gedruckt in Deutschland
Textinhalt: Sätze und Fragmente aus der Studienzeit
Direkt übernommene Passagen sind *kursiv* gekennzeichnet
Grafischer Support: Barbara Galizia, Luzern
Bilder: *The Swissue*, Rafael Lippuner 2014
Schrift: Alte Haas Grotesk, Yann Le Coroller (www.yannlecoroller.com)
Herstellung und Verlag:
BoD–Books on Demand, Norderstedt

Sie können
von vorne nach hinten wie
sie es sich gewohnt sind
oder aber sie behandeln
dieses Buch ganz anders.

Wieder so eine hyperaktive Installation

Mit einer Bank als Einladung

Creating Beautiful Emotions

Die Sirenen im Ohr

Schliesslich: *We are all Women*

Ausharren sie noch oder verweilen sie schon ?

Den Abstand zwischen Menschen vermessen

Fulminanter Gründungsgruss

Sich fürsorglich über die Rinde streicheln

Comeback eines lange verschollenen Mindmaps

So sieht es aus, unser Dämmerungsprofil

Jaja, davon hab ich schon gehört

Dekoriert doch einfach die Armen

Wärme, die hart wird

Raw, Blue, Rare, Medium, Medium well, Well done - or None

Grundlagen der Entscheidung

Plötzlich gibt die Maus ein lautes Klick von sich

Finally, the 1st woman landed on the moon

What kind of shoes did she wear ?

Wenn Drohnen aus ihrem Alltag erzählen

Feels like yesterday when we were Dinosaurs

Botox-to-go

Am Rande bleibt es spannend

Riskante Reise durchs Unterholz

Als riefe ihn unablässig etwas aus den tiefen Tiefen

Die Kälte ist die deinige, und du bist eine faule Grenze

Reducing chance is a way of living

Letzte Hoffnung: Der spontane Zerfall von Abfall

Sie wollen die Freiheit ? Wir haben das Zubehör

WORM FOLLOWS FUNCTION

Sometimes it takes a beating <3 (am Puls der Zeit)

Das Kabinett hat sich endlich abregiert

Wie viel Schaften braucht ein Land ?

Einlösung der Erwartungen bereits beim Eintrittsgeld

Von Machermenschen und Wortwechslern

Teil der Autorenschwemme

Heizkörper, wahrlich ein Freund der Familie

Worte müssen vor allem können

Sternklasse: *Oh-Be-A-Fine-Girl-Kiss-Me-Right-Now-Smack*

Junge wachsen und erwachen zu Erwachsenen, altern zu Eltern, werden grösser zu Grosseltern und entwickeln sich zu Rückständigen zurück, bis sie sich schliesslich beruhigen zu Ruhenden

NO MONEY, ONLY LOVE

Within striking distance

Die Sterne liegen gut *

We just want you to want it, too

Harter Kampf ums Handgelenk

Der Wind will nicht dass du dich Zuständen hingibst

Papa, Mama hat Recht

SMARTER THAN RICH

Wer das Gelb hat, hat die Macht

Bei diesem Milieu handelt es sich um ein sehr wahrscheinliches

NICHTS IST DAS SCHLIMMSTE DAS PASSIEREN KANN

Wer zu spät kommt und keine SMS schreibt, den bestraft das Leben

Send me irgend@was

Wunderschöne Blumen auf der Wiese: Huren des Lichts

Wo sie bis zu ihrem Tod glücklich arbeiteten

Tante Emma's Laden-Kette

Die Darmflora bleibt !!

BIN ICH EINE MASCHINE ?

Love is about semi-professional selfmade stuff

So malt man heutzutage eben Gras, erwidert der Bengel

Psst ! Sag es niemandem, aber ich bin weltberühmt

Unsere Meinung interessiert dich

Sich im Nachhinein vorstellen

Intelligenz am Werk

Ausschlaggebende Reizwäsche

Anfänge enden wo Enden anfangen, aber Wurscht

Liveschaltung zur 3. grossen Kränkung der Menschheit

Yes we scan, Yes we cam, Yes we spam

Sensationell-sensible Sensorik

Irgendwie schwul sowas

Industrial Punk also

Laufbahn oder Hamsterrad ?

Schwein oder nicht Schwein

Ein zarter Grell, der ins Nahe fernt

ROMANTIC KEBAP INVITATION

Doch mit welcher Ameise beginnt die Strasse ?

Und warum braucht es zur Selbsthilfe eine Gruppe ?

Was gibt's in diesem Bengalien sonst noch ausser Tiger und Fakeln ?

Komm Eveline, wir gehen. Hier beantwortet man unsere Fragen nicht

Meine 1. Platte hab ich damals auf Kassette gekriegt

Aufstehen statt ins Bett gehen

Bin viel zu müde um einzuschlafen

To-do-Liste und To-be-Liste

Vintage Café mit organic Bio-Lounge in Streetdesign @ Neustadt

Der internationale Stil der Alternative

Well then, fuck me

Glaubst du an einen Zufall, glaubst du an alle

Tut mir leid, ich kann jetzt nicht anhalten, ich fahre

ZUR BEWEGUNG STEHEN

Fühlen sie sich geborgen, sie haben Zuschauer

Four more years in Hell Yes

Können sie gut zwischen Gleichem differenzieren ?

Günstige Gelegenheit für teure Abenteuer

Ich bin ein im Mann befindlicher Prozess

Kann ich mit Klicks bezahlen ?

You Only Love Once

Der Rest Europas

In Gedenken an all unsere Ziele

Hinreissender Text, voll poetisch und so

Niemand ist perfekt - aber der Versuch zählt

Das Abonnement für Junggebliebene: Limited Infinity

Krating Daeng Dieser Artikel behandelt das Energiegetränk aus

Thailand. Für die paramilitärische Bewegung im Thailand der

Siebziger Jahre siehe Rote Büffel

Seite an Seite, Arm in Arm, Hand in Hand, Zahn um Zahn

VERLIEBT AUF OFFENER STRASSE

Kleiner Mensch grossartig

Wessen Mann ist das ?

Schöner Tag, vor allem die Nacht

Was ist wirklich so schlimm am entführt werden ?

Hände handeln, Autos küssen sich, Babies robben, Ehen schweigen,

Polizisten schellen, Ärsche sitzen, Christen hängen, Finnen saunen,

Computer wählen und Augen brauen sich eben

Das fluchende Klassenzimmer

Flüsse sind im Prinzip bloss in die Länge gezogene Seen

Angehende Künstler lassen sich gut waschen und wieder trocknen

ALLES was sie über Botanik wissen müssen

Ein Einblick ins Dasein zweier Zweige

Zu Normal für Kunst

Zaghafte Annäherung an die Gegenwart

Vor lauter Zeugs die Dinge nicht mehr sehen

Looks nice. Unfortunately it does not work, but they learn from each other

An eine blühende Frühlingswiese denken erhöht das Krebsrisiko

INTERVIEW YOURSELF

Vergessen wohin gehören

Freikirchlicher Beitritt zur gepiercten Reformation

Treffen sie noch heute online neue Götter

O my JHWH ! But WWJD ?

Wege zur Erleuchtung: Die Klostergeisselung

Heisst es eigentlich Jesen oder Jesusse ?

GOD CREATED MAN. THEN MAN CREATED DOG

He was mighty, and powerful

Aus der Guten Stube in die böse Welt

Göttliche Vorsehung, bis auf:

Menschliches Versagen

Zwangsehe, aber mit Traumhochzeit

Alle wollen Weltfrieden - sobald es nach ihnen geht

MÖGLICHST ALT WERDEN UND DABEI MÖGLICHST JUNG BLEIBEN

Subversive Botschaften auf grossformatigen Werbeflächen

Komm zum Gegenkonzert hinter der grossen Bühne

Parkplätze vor dem Fitnesscenter

Fair produzierte Schnäppchen

Frei sein vs. Frei haben

Gleichberechtigung ist sexy

Dirty bitches oder Sine macula ?

Feierlicher Atomausstieg zu Elektromusik

Du kannst alles, solange es nicht zu schwierig ist

Schöne Menschen die erst nach dem Schminken stinken

Das Public Viewing privater Primaten in prämierten Prärien

Mit dem Hund Gassi gehen während Oma im Heim verkrebst

Katzen umstülpen

Spieler 2 hat das Spiel verlassen

Und ich bin wieder allein daheim

Weitere Mittel für Schmerzen braucht es keine

Stattdessen Brote mit Butter bemalen und Anker um sich werfen

Den Komplex des Lebens sollte man mal situieren

ELEXIR FOR THE WIN

Schreiben sie jeden Morgen einen Kaffeesatz

Was dabei heraus kommt wenn eine ganze Generation Einzelkinder

Einzelkinder aufzieht

Eine Karussellfahrt ohne Retourticket

ARMOR FOR AMOR

Gibt's Sinn ?

Sein Antritt auf weissem Schimmel zögerte sich hinaus

Ereilt viele Luzernerinnen das Louise-Corbaz-Schicksal ?

Der Superhält was er verspricht

Gestern depressiv, heute genial

Leiter im Text

Strategien zur Selbstverunsicherung

Die Band The dead Kennedys hat sich nach dem Tod der Kennedys aufgelöst

MUNTER LEBEN AUF DEN TOTEN

Führen wir der Realität vor ?

Jene urbane Gesellschaft die zum Künstlerviertel geführt hat

Füsse hat man doch um zu straucheln

Mobile Gefängnisse zur Selbstprofilierung

Die Mächtigen: Voller Tugend oder aber zwangsläufig korrupt

The media is according to other media

FASZINATION GLAS

Eine Birne weiss den Weg

Eine Zwetschge redet dahin

Eine Melone bietet Schlupf

Und Trauben pflücken zurück

Es soll der Hundestall nie der Bühne gleichen, und kommt der

Dichter so muss der Pudel weichen

Ängste wahr werden lassen überzeugt alle von der Idee

(Politik im 21. Jahrhundert)

A weekend that changed the world

Achtung: Kann Spuren von Müssen enthalten

Unsere Anführer brauchen unseren Lead mehr denn je

Mit Romantik in den Krieg gelockt

DIE MACHT DER MASSAGE

O fat Fuck, die Amerikaner !

ALI ODER NICHTS

Originalkopie

In Relation zu meinem ruhigen Gewissen, ja, zittert mein Körper

Crazy fact: Weiblich benannte Stürme fordern mehr Todesopfer

Trotzdem Lachen

Wenig Worte sagen viel

Kannst du den Randstand ?

Einmal, nur einmal ! Ein Lied bis zum Ende

Währendessen im Kissenschlachthaus

Im Treppenhaus verkrochene

Zum Anzug erzogene

Stay liquid or remain palm

Denn Kummer droht am Teiche

Balance ist ein Zwischenstand in jedem Kippvorgang

MEINUNG ZUR TARNUNG TRAGEN

Momente zum gemeinsam schämen

Ist sich die Privatwirtschaft der Bedeutung von Karma bewusst ?

Die wundersame Weise mit der Geld sämtliche Vorurteile vom Tisch fegt

Sehet ein ins Elend, unter die Doppelkinne des Wohlstands

Demokratie: 24% Ja, 23% Nein, 53% Egal von 65% Stimmberechtigten

Der Ontogenese der Wirklichkeit misstrauen

Alles zu verlieren fördert den Sportsgeist

Kategorie: Vor Ort flott gebastelt

Ein Büchlein voller Bakterien

Billet-Kondukteur mit Kontroll-Swag

There's so much more to Gay for

Ein Gitarrensolo voller Selbstzweifel

I really feel for your cat

Wissen Schnecken eigentlich wohin sie müssen ?

Verarmte Touristen die sich den Rückflug nicht leisten können

Güter der Unterprivilegierten, wie Liebe und Einfachheit

LEGT EURE SPIELZEUGE NIEDER

Ich muss echt mal eine Lanze brechen für Verbrecherethik

Gesucht: Sozio-idealistische Architekten

Im Schatten der Scheinwerfer der Mehrfamilienhäuser

Perfektionierte Resonanzkästen für faschistischen Singsang

Wessen Programm läuft hier ?

A good empire leaves leftovers when it goes down

Eure Hoheit, gestatten: Meine Wenigkeit

La bomba circola, lava e ritorna

Noch in vollem Gang

Heldengeschichten sind oft Teufelswerkzeug

Bedroh mich wenn du willst, aber mildere den Schrecken den du in mir

hervorrufst durch die grosse moralische Idee

Please have a sit, while being seated

Wir begegnen uns irgendwo im April

Mensch der Moderne | Postmoderner Mensch | Postmensch

Und morgen dann: Das Championat des Prokrastinats

Der megalomanische Interkram einer Cargo-Kultur

Sie trägt eine reibungslose Logistikkette um den Hals

GO GO, INSECTS !

Ohne Cloaca Maxima würden wir heut baden gehen

Toll, Bomben mit Numerus Clausus

Beachten sie die Farbe von Weisswein nach einer Flasche

Es endlos gut haben heisst ohne Ende Essemesse

Phänomen: Gehen geht leichter wenn man dabei telefoniert

Mit wem würden sie gerne Zellen teilen ?

Sounder than round

Is Liberation worth the trouble ?

THIS LIFE IS ONE OF THE BEST

Gebührend berühren muss man sowas

Aufmerksamkeit ist die wahre Währung

Versuchen sie mal an Wasser zu denken ohne U-Boot

Ausbildung von Extremitäten an Hochschulen

Dabei stammte keiner der Protagonisten aus Woodstock selber

Menschen die täglich ihre Wonnen sonnen (barbusig oder nicht)

Zur Gewährleistung gestreckter Haare

Das Calm-down und Boing-Boing der Übersättigten

Die Versuchung münzt sich als Pfand

Ist E-Migration die Lösung ?

Kann soll man einer seekranken Seekuh noch helfen

Hört nie auf unsere Panzer zu fragen vor wem sie uns beschützen

Im Bungalow des Grauens die Befremdung totschlagen

Gerecht wäre jetzt 1000 Jahre Matriarchat, nicht ?

You better learn to learn better you

Hallo Vater Morgana

So tun als hätte man es nicht gesehen, zu sich selber

Press die Gurke ! Beehr' die Beere !

Gefangen in einer hemmungslosen Hüpfburg

Heute kein Eintrag im Gesichtsbuch

Gegen wen putzen wir eigentlich ?

Jungpflanzen in Förderkojen heranziehen

Die Glücksgülle lässt unsere Hoffnung keimen

Das sanft einschläfernde Stroboskop einer Leuchtreklame

Schlaf, die Summe stundenlangen Blinzelns

An der humanitären Bauteilbörse

Geht nicht, Schwanz kaputt

Sich der Obsession gegenüber verpflichtet fühlen

In Klischees zu baden ist gut für die Haut

Sprache auf ihre Seditativität überprüfen

Und zur Märchenstunde hinüberschäfern

EROTIC INVASION

Dem Jäger seine List, dem Sammler seine Liste

Ich kann mir Bollywood zwar anschauen, aber ich kann es niemals

mit den Augen eines Inders sehen

Radiergummis sind in ihrer Existenz letztlich von Bleistiften abhängig

Befummeln sich Flächen hinter ihren Kanten ?

Lücken gegen Glanz

Glas gegen Wasser

Geld gegen Phantasie

Bären gegen Lärm

Grün gegen den Rest

Geiz gegen Geist

Extrem gegen Zäune

Liebe gegen Langeweile

IN VITA VERITAS

Wie kann man etwas wirklich selber wissen ?

Eine Herde Diplomstrategen

Mit Gärten die Welt verändern

Ein Discoleben zwischen gestern und heute

Dämonen die sich auf Türschwellen einnisten

DIE MONUMENTALITÄT DES BLEIBENDEN EINDRUCKS

Sich für nichts bemüht zu haben

Ein Stein erhebt sich aus dem Konglomerat

Lassen sich eigene Körperteile entfremden ?

Als die Schwaden sich lichteten, Angst ums Fortkommen mir entfielen

Wenn ein Schlauchboot die besseren Chancen bietet

Das Boot ist voll

Und der Ozean steigt

Vielleicht reicht ein Reboot

Zinslose Inseln mit Uferbatzen

10. Alljährliche Verschärfung des Asylwesen

Ruinen des Alltagsaltruismus

Grosis Suppe stammt natürlich von Urgrosis Ursuppe

Mit lockerer Mentalität in die materielle Lokalität

Blick die Uhr: Malzeit, Jeinzeit, Heimzeit, Holunderzeit, Kumpelzeit, Mittelzeit, Wegzeit, Fickzeit, Tiefzeit, Herrschaftszeit, Heilzeit, Teigzeit, Zeltzeit, Tollzeit, Lobzeit, Teichzeit & Vertreibzeit

#Waschtag

Die spinnen in den Ecken

Versuchen sie mal einer Fläche die Topografie auszutreiben

Die Stimmen der Ausgrenzung im Gewand der Geometrie

Bilder müssen sich irgendwo anlehnen, aber wir bleiben ja nicht stehen

Gibt es die eine Sorte die niemals im Leben verleidet ?

Liebe ist der Beginn eines langen Abschieds

Halt wie ein langsames Autorennen

Kunst als Botenstoff, aber auch als Turnschuh

Träger der grössten Gestaltungsfrage aller Zeiten

Wie wollen wir leben bzw. wie müssen wir leben

DAS LEBEN IST LEBENSGEFÄHRLICH

Den Ferienkindern stinkt's

Bilder, trotz allem

Kunst als Symptom

Wir sollten uns als Vermächtnis begreifen

Darum eilt die Dummheit der Erkenntnis stets voraus

Sich einmischen in die seltsame Schleife

Irgendwo muss einfach begonnen werden

Hypnose am Telefon

Ich möchte gern jemanden grüssen, und zwar:

Die Dialektik der Aufklärung aus Frankfurt

Vertrauen auf Seltenheitswert

Träume aus dieser Phase: Badende im Meer des Humors

WER RÄUMT MEINE FESTPLATTE AUF WENN ICH NICHT MEHR BIN ?

Writing lots of fe-mails to my treasures

Die industrielle Monarchie kitzeln

Dabei hat der biometrische Spass gerade erst begonnen

Jede Familiengeschichte hat einen Abgrund

Bald weiss genug

Von den Gastgebern die die Unendlichkeit zur Verfügung stellen

Wisch dich von deinen Gedanken ab

Wie man Gefühle wieder los wird (Tutorial)

Fair: Ausscheidungsverfahren ohne Leitbild

Theater ist alles das mehr ist als das was man sieht

Dann muss man die Ratten auch noch einladen in sein Loch

Es ist eben tiefgründiger Minimal

Hören sie wie er zieht ?

Rosender Schmelz

Wie viel Mensch verträgt die Welt ?

Das stumpfe Schillern gestapelter Container

Irgendwann stürzt auch der Held der Gesundheit

Darin liegt der Unterschied zwischen Bewegung und Sport

Transport ist die am häufigsten ausgeübte Sportart der Welt

TRAINING IST JETZT !

Im Lift befindlicher Selbsthass

Ein gebrochener Verbrecher bricht nicht mehr aus

Strategie Maulwurf mit Rettung in letzter Sekunde

Künstlerischen Stoffwechsel vorantreiben

In der Not werfe ich mich vor mein Werk

Gestern dada heute gaga

Auflauf der proletarischen Kunst

Eine Reihe auszubildender Künstler am Abgrund, von hinten

Grüss Gott, die Dernière

Kunst kann der Versuch sein, Nicht-Kunst zu betreiben

ART FOR HEART'S SAKE

White Cube oder Black Sabbath

Es interessiert uns nicht wenn es arroganter ist als wir

Fühlen sie sich vom Künstler verstanden oder gestanden ?

Nischen: Gerührte Kunst, arm gescholtene Kunst, geschrittene Kunst, hippe Kunst, Schreikunst, vergewisserte Kunst, nachhaltige Bio-Kunst, ewige Schmelzkunst, denkwürdige Kunst und Kunst im Gang

Folgen sie ihrem Hauswart

Von Tür zu Tür auf

ART IS YOUR FRIEND (WITH BENEFITS)

Die Renaissance geniessen ohne dabei an Performancekurven denken zu müssen

Zur Erheiterung der Zielgruppe Gott

Fahlgeborene Onaniersäulen für Neureiche

Postmoderner Protzprunk und Esoterikscheisse

So Wehleidigkeits-Kunstkacke halt

Hohe Kunst in einer Höhle vs. Hohle Kunst in einer Höhe

Künstlerschicksal: Arbeiten wie zu Gotthelfs Zeiten

FINAL ART$

Spannend und interessant, doch wirklich

Erinnerungen sind im Prinzip nur Erwartungen, rückwärts

TOTEM WILL LIVE & ROCK WILL BLOCK

40 Besucher kommen bei Brand in der Ausstellung *Contemporary Risks* ums Leben. Eine Kerze der Arbeit *in memory of* entzündete einen Wandteppich, zur Todesfalle entpuppte sich das Museum weil die Installation *the great fire wall* den Notausgang versperrte

BENIMM-KUNST

Soziale Plastiken bis zum Stern auftürmen

Inserat: Mann sucht tote Hasen zum erklären

Tod durch Stellennachweis

Der abrassive Verschleiss aufreibender Gesprächspartner

Inside Outsider art

Echt begabte Kunstbanausen

Konzernkunst ab Fliessband

Künstlerschicksal II: Postum von der eigenen Familie gemüllt werden

Vielleicht kann ich nebenbei als Taxifahrer arbeiten

RESTE VON FORM

Zarten Risschen entlang

Vor Melancholie triefende Pinsel

Aufrüstung in den Akademien: Bleistifte werden vorrätig gespitzt

Die Kunst, ambivalente Antworten zu interpretieren

Tolles Irrenhaus habt ihr hier

SAG ES MIT SAGEX

Spaziergang entlang den Sänden beschwingter Leibesinseln

Wo Skulpturen geschlagen und Unwesen getrieben werden

Stiefmütterliche Muster kommen und gehen

Der stürzenden Statik zustaunen

Telepräsenz in hoher Künstlichkeit

Meister der Manipulation des Suspekten

Das Gefühl, alles um uns herum ergibt verdächtig viel Sinn

Ist das der heilige Gral auf Seite 15 ?

Die Zukunft der Schweizer Kunstszene heisst Kreisverkehrskunst

Performanzen-Klischee: Nackte die sich keuchend auf dem Boden

mit Blut und Leber einreiben

Reminder: Rote Stellen noch korrigieren

HUG THE FUCK OUT OF ART

Armut kann man lernen

Ein Kunststudium lässt sich nicht mehr rückgängig machen

Im Glanzlicht vervielfältigte Pferderücken-Studie

Die Experten aufschrecken und selber welche werden

Erübrigung der Einzelarbeitspotenz - weil der Haufen siegt

Hier trifft sich die Avantgarde zur Taufe neuster Werbestrategien

Machen sie die Ungeduld zu ihrem Komplizen

Good strategy for artists: Eat things

Zuschauer mit beschränktem Untertanenverstand

Sollten wir den Künstlern ihre Arbeiten wegnehmen bevor sie daraus etwas anderes machen ?

HIDE YOUR DARLINGS

So läuft der Laden hier

Frisch konserviert für den Ausflug von Wand zu Wand

Noch mehr Geld brächte die Verbindung von Museen und Fussball

Früher Meisterschüler, heute bestgehasster Student

Der dumpfe Klang eines Jongleurs

PROBLEMS ARE POTENTIALS

<u>Aufgaben der Kunst I - IX</u>

Abzweigen zur Beschreitung neuer Hindernisse

Denk-Male und Massenmassage

Auf die Bremse, fertig, los !

Etwas mit Menschen machen die Zeit haben

Wissen in Konserven zeigen

Gegenseitige Ängste abbauen

Dem Unmöglichen ins Gesicht reichen

Experiment und Missbrauch neuer Technologien

Die Debatte darüber wie wir leben aus den Händen von Medien und Politik reissen

ORT FÜR HYBRIDE

Hier wird mit Rationalität noch geflirtet

Flüchtige Bewegungen, eingefangen von Rauch

Welche Verschlusszeit haben unsere Augen ?

Die Fanbase will man nicht verärgern:

Apfelmus, Asche, Bitumen, Blei, Menschenhaar, Sagex & Lehm

Lohnt es sich Kunst zu machen wenn sich niemand Zeit kaufen kann ?

Das Lebensrecht der Abweichler

Outings.. aaaand Regression

Sich in vollen Zügen näher kommen

Kann man heutzutage noch Heiliger werden ?

Modern art: Everybody could do it – but they didn't

Das Lohndumping & Überhyping der Kreativwirtschaft

Kunst dass einem das Blech abfällt

The grey reality outside makes for a good noise in the white cube

Intellektuelle Dissidenz gegen die Eigen-Hegemonie

HOPE HAPPENS

Psychisch Nice

Verspätetes Familienglück einer Frühjahreskartoffel

Menschen wären Nix ohne Menschinnen

Gesammelter Gkenerationenscheisnerv

Pech: Irgendwann tropft alles

Ein Extremtalent

MAN RIECHT AN SICH

Lehrer benötigen zum stehen nun mal zwei Beine

Wahrhaft neue Ideen werden von niemandem verstanden

Die Sonne dunstet bereits empor während wir noch umherdunkeln

Die Auslagerung der Nacht

Nähe verarmt zu pneumatischen Komponenten

Alles wird voller Leere sein

, aber

FUCK LOVE

Dinge die sich hassen zu Freunden erklären

Hinter jeder Fassade die Befestigungen lösen

Ein Holzschnitt der von Diplomatie zeugt

Das Bauchgefühl am 12. September 2001

Die Kriegskosten sind geradezu explodiert

Karriereaffen die die Hochhäuser etagenweise erklimmen

Die wolkenzerfetzende Architektur der Möglichst-Mächtigen

Unten: Elektrisierte Schimpansen die dem Wachstum kurbeln

Jetzt geht's ums Eingemachte

Einzig Kuchenstücke erster Ordnung

Voilà, die Enzyklopädie aller Zuchtergebnisse

Hier wohnt Gott

Das soziale Gefüge innerhalb einer Schublade

Warum sollten ausgerechnet die Schwörer lügen ?

Spektakulär ausstaffiertes, doch durchdrungenes Dorftor

Nimmt das Leid zu oder sind dies bloss zyklische Schwankungen ?

MAN GEWÖHNT SICH SO SEHR

Lange Zeit nach Langeweile

Verkifft begriffen

Ein Einzelhänger

Sein Unterbewusstsein sein

Eine Stadt schreibt ein Buch

Leseratte sucht Bücherwurm ihrer Träume

Im Zeltinneren stapeln sich vermehrt die Literaten

Höret die Souffleure ob den Dächern des Konsums

Manchmal muss man der Welt einen Laufpass spielen

Der suggerierten Wertlosigkeit von „Gratis" misstrauen

Aber wir nehmens schon

Money matters, wusste auch schon Mani Matter

Leben sie den Verpackungsinhalt

Mach jetzt bitte keine Sensation daraus

Das Denken ist eine Abfolge kleinster Bewegungen

Rote Köpfe auf jeder Liste

NEON IM BLUT

Zenti-Milli-Mikro-Nano vs. Kilo-Mega-Giga-Terra

Ein freundliches und gut zugängliches PDF

Das ist der pure Mörderstoff Mann

Escape the landscape

Ein heimloser Ort

MAN FREUT SICH

Erziehung zwischen den Beinen der Kultur

Das Wort der Woche: Ende

Es ist wieder Fasnacht

Die elenden Söhne von Müttern

Scheinen wohl Kotzschwälle auf dem Hirnsalz zu haben

Meine Nippel orten Gewitter

Vor rot-blau-rot-blau sollte sich niemand fürchten müssen

Lasst die Ehebetten krachen

Neue Freundin und alter Ego

Aus Versehen ehen

Rest im Himmel

Ein Lichtblitz schimmert durch den Keller

An Schatten ertrunken (Überdosis Sonnencrème)

Darf ich sie mein Gott nennen ?

Auf die Knie gefallene Fährtenleser

Das langsame Auspegeln sanfter Verzweiflung

Ausgesorgt hat, wer das Chaos mathematisch erklären kann

Dazu müsste erst einmal definiert werden, was Masse alles kann

Mehrere Mäuse skalieren schneller

Wenn man ganz genau beobachtet lässt sich nichts finden ohne dies

dabei entscheidend zu beeinflussen, Ende

Guten Morgen, Spiegel. Abend, Spiegel

Ob's am Spiegel liegt ?

SCIENCED EYES

Eine Legastemikerin im Glükc

Zählen wir als erstes alle Tropfen der Meere und in uns drin

Die Vision verlangt von dir was du dir von der Vision wünschst +

Hat uns der Planet bloss erschaffen damit wir ihm Plastik geben ?

So viel Silizium wie man nur essen kann

Wann wird uns die Elektronik endlich spirituell erweitern ?

Die immense Befriedigung wenn alles aufgeht

Die Praktizität, Gott zu wissen statt zu kennen

Stecke im Sumpf der Kreation vor dem Haus der Künstler im

Planquadrat der Erleuchtung ob der Hütte der Hoffnung

Was sein muss muss sein, pflegt Oma stets zu sagen

Der Anthroposophenstand tanzt vor Freude seinen Namen

Endlich wieder Montag

Liebenswerte Labormäuse

Festliche Flaggenzündung

The rights to riot or remain idiot

Lasst die Alternativen uns ihre Anliegen vortanzen

Tapfere Funkenmarie, bereite mir mein Feuer zu

Ein beschleunigter Metabolismus dankt dem Entrepreneurship

Freundliche Aufforderung der Denkmalstapete zu frönen

Armut bekämpfen kostet Luxus

Zuhauf bleiben

I GUN GUNS

Der Messermagnet

Proaktiv provozieren

Willkommen im Folterlager der Herzen

Capitalism: Let him bring us there, then finish him off

In rasendem Stillstand

Lässt sich Macht vererben, und wie ?

Suche nach einem passenden Vorurteil

Mehr Gegenstände auf die ich mein Einkommen anwenden kann !

Wir bringen euch doch bloss Zivilisationskrankheiten

EIN AUGE AUF DIE TOMATE WERFEN

Das Juwel in der Hasel

Whatever, do not panic in the Park

Grün bis zum abwinken

Das mondmoralische Staatsmannsschiff erhält Auszeichnung

Linolgeruch.. allein die Vorstellung !

BEREIT WIE NOCH NIE

Barock'n'Roll Baby

Das Grand-Gambling der Wirtschaftskapitäne

Raumkonfiguration nach der Methode Schlecht-Lösung-Glück

Stelldichein in der ehemaligen Telefonkabine

__Wasser__Spiegel___Natur__Mensch__

Erstarrtes Momentbild eines Sachzwangs, genannt Form

Die Erfindung des Schlüssels öffnete Tür und Tor

Rechtwinkliges Gedankengut

Ist Zufriedenheit Ausdruck für einen Mangel an Fantasie ?

Conditio romana: Wer gräbt, der findet, der nicht baut weiter

Il papa e gli spettatore clandestino

Schau die fetten vermelkten Kühe

Unternehmer die sich übernehmen

Wir pendeln jetzt dahin und machen Wirtschaft !

zzz **LAST RIDE IN MY DREAM MOBILE THIS MORNING** zzz

Wo ist es dringend bzw. wo ist es am wenigsten zu spät ?

Abwarten bis zur Offenbarung neuer Prioritäten

Arbeitsplätze Willkommen

Der Geist und das Gelée

Wissen bloss jene mit einer Kondition um ihre Kondition ?

Kommt das Publikum nicht zu dir, dann geh du zum Publikum

Und später an die After-Fleischparty

What a nice crowd-salad

Aus Gründen der Heiserkeit fällt die heutige Lesung leider aus

Entweder du stehst oder spielst vor ausverkauftem Haus

DIE FALTUNG VOR DEM HALL

Dear Red Bull, don't fly to close to the Sun

Nur noch schnell-er

The Web and the City

Ferien, verbündet euch !

Expansion: Unser Abstand zur Ferne vergrössert sich

Die kürzeste Verbindung zwischen zwei Punkten ist abwarten

Was ist wenn Leben die wahrscheinlichste aller Formen ist ?

Am verlogensten ist immer noch „Rund"

Und wie Gott würfelt

Süchtig nach Entzug

Die GSoA-Initiative von 1989 hatte eben doch Recht

Per Knopfdruck an den Anfang reisen |<<

Autarke Abschaffung der Zivilisation

Würden sie einem brennenden Mann die Hand schütteln ?

Schluss mit abgekürztem Verhalten

W-LAN IS IN THE AIR

Weisheiten aus dem Cyberspace

In jedem Level werden wir von einem Endboss erwartet

Möchten Sie das System hinunterfahren ?

In die Hand beissen die dich überfüttert

Leben in der Bio-Meinungsdiversität

Wie Würmer im Apfel, blind vor lauter Fruchtfleisch

In diesem Zusammenhang kann man auch von den „Kasseler Scheuklappen" sprechen

Wie würden die Führer der Revolution heute über ihre Fehler denken ?

Grau ist mehr als bloss keine Farbe

Grau ist organisiert, ist ein Prinzip

Philosophie erklärt anhand von Blockdiagrammen

Kriterium „Schokoladizität im Umgang mit der Tristesse"

Niemand kehrt unversehrt aus seinen Gefielden zurück

„Partisan Pride" à la Abramovic

Sorry Curator, I did not care know think or die

Die Flugbahn von Raketenmenschen

Liebevoll behüten wir diejenigen welche unsere Gewalt zulassen

Die Kraft die es braucht, ein Schlingel zu sein

Sprache reitet auf ihren Prototypen

Leerverkaufsstrategie: Die Freude auf Fiasken zu setzen

Poesie muss bereit sein dafür zu sterben

It is a waiting game

Alle erdenklichen Worte sind dagegen

Respekt vor unseren Alten, schliesslich mussten sie durch die gesamte

Schulzeit ohne Wikipedia

Sind Pendler die Überbleibsel der Arbeiterbewegung ?

Leben, Inner- oder Ausserorts

Kinetische Energie über den Mittag ist dein Problem

Der Rezipient schielt aus angestammter Position auf das Verdikt

welches seinen Mehrwert durch die Gabe schöpft, vom Wesentlichen

zu handeln und so die Eigentlichkeit entstellt auf dass es selbst wie

Erinnerung verkommen möge

MANIFESTE DIE KEINER LIEST ODER FEIERT

Freihand für Beide !

Schlüpfriges Papier wirft schnelle Schatten

„Zeitung", ja schon klar

Liebe geht durch die Augen

Die verführerische Ausstrahlung verletzter Ziegen

Um was es geht ist eine notwendige Scheissfrage

MAN MAG SICH MAL NICHT

Zusammen zusammenbauen ist am schönsten

Weder die Lüge noch die Wahrheit vermag gerecht zu sein

Noch mehr Grund um empört zu sein

Falls sie denken es könnte Ihnen besser gehen: Stimmt

Liegt an der Stellung der Hebel

MAN DREHT SICH HALT

Willkommen in der Fabrik der Sinne

Gern gesehen unter Konkurrenz

Solobarde sucht Schmusegeiger

Ihr ekelhafter Versuch zärtlich zu sein

Earth-shattering physics

Ohne Stand kein Widerstand

Wenn sich in der Politik der Kreis schliesst..

..wo befinden sich dann Links und Rechts ?

Das Zeitgefühl dieser Kinder protestantischer Ethik

Will endlich wieder durch Wälder schwelgen

Ahnungslose Geschöpfe die vor der Entdeckung des Higgs-Boson

lebten, wir spotten über euer erbärmliches Dasein

Jeder bringt sein persönliches Objektiv mit

LÄSST SICH DIE WELT NOCH VEREITELN ?

Man muss so gut sein dass man ausweichen kann

Der Typ, der „mein Typ" vergessen machte

Worte die uns verstehen

Unicorn Horn - Porn

Jemand muss die Biester ja abholen

Gekonnter Rückwärtssalto aus existentieller Diskussion

Legen sie ihren Kopf auf die linke Schulter und

;-)

GO-TO-MOVE OF THE GENERATION

Der Gruppenzwang hat sich individualisiert

Gänze finden in den Kausalketten theoretischer Wissenschaften

Du bist mit deinen Ambitionen nicht alleine

Zwei Computer die gemütlich miteinander Schach spielen

Danke, unsere Existenz genügt mir als Beweis

WE ARE ALL MADE IN CHINA

Uh-oh, Regen auf dem Schirm

Money in the buildings

Sich im Exil verlernen

Schaffen es die Amerikaner ?

If there is something more terrifying, we must know

Ihr Anderen seid doch die Spinners

Rückenkraulen im Ideensubstrat

Auflaufen der Sänfte auf dem gestapelten Volk

NIEMAND TRÄGT DIE SCHULD

All she wanted to want is to wonder

Na ihr Hotties ?

Jedes Buch ist auch eine Orgie

Was gibt's heute zu vergessen ?

Aussprechbares Alphabet: Ab CD, Efghi. Klopstuvyz !

Vom einfühlsamen Akt der Vermittlung zum Diskursfetisch

Durch und Durch-professionalisiert

Gesamtkunstwerk Rave

Keine Einkunft keine Auskunft, und keine Zukunft

MAN KANN SICH DOCH NOCH

Sich richtig täuschen

Animals Cry In Tight Skies & Crap On Weird Trees

Heute bestimmt die Industrie über die Bilder

..aber wir sehen uns wieder, zweites Gebot

Beim Klassentreffen der Malerfürsten

Die Anwälte der Kunst geben sich eine Erklärperformance

Wenn der Rahmen der eigentliche Bildwert ist

Art can be whatever we need it to be. Art can make the choice no one

else can, it can take the hate or blame. Art is.. like Batman

Erfolgsgeschichte: Cockerspaniels auf Sockel

Ölschwadron auf Plastiksichel, trouvé marine, 2010

AVANT LES GARDES, AVANT LES GARDES

Graffiti oder die Wissenschaft der Farbhaftung

Kunststoff und echte Gefühle

Wie er reibt und klebt, sich hebt und strebt bis er geht und verweht

Den Möglichkeiten zum Opfer gefallen

Angetrieben von aller Hoffentlichkeit

Bild dir deine Meinung ruhig ein

LET'S PRETEND REALITY

Installation aus Kebapmaschine, Pferdegeschirr & Gebetsteppich

In jedem Hintergrund findet sich Migration, Depp

Also streiten wir über Zeit

Gute Gründe haben es nicht eilig

Unter Einfluss von Erinnerung

Ansatzsweise Nihilismus

Ein Zeuge radikalisierter Ricolas

Denn Komfort kommt vor

Batch Boy Working

Eine gute Wiege finden ums sterben auszuprobieren

Koyaani-Skizze: Schroffe Anleitung um Teil des Kults zu werden

OH WIE ZÄRTLICH, DEIN BESCHLEUNIGER

Entstehen neue Wörter nur noch aufgrund neuer Produkte ?

And finally, it was then

Ein guter Manager schläft nie

Was Kokain unentbehrlich macht

Ahh, push it, push it real good

Künstlerschicksal III: *Mitarbeiter gesucht*

Die No-Welle

So zerronnen in der Badewanne

Der natürliche Selektionsvorteil für Anstandslosigkeit

WILL YOU BE MY GEISHA ?

Hier macht jeder was sie will

Auf das Schlamassel folgt in der Regel die Kür

Wet lipped duck faces with milky tits over bottle shaped belly bottoms

surrounded by perfect cheeks whose long legs in pantyhose tights

breathe through deep cracks ending in camel toes.. and the City !

Einem Beispiel wird immer gefolgt

Das Schwelgen der Kartoffeln ist das Schweigen der Worte

The Word of the Nerd has been heard

Sicherheit trübt bloss die Romanze

IM EINKLANG SEIN MIT DEM TREIBSAND

Auf dem Schlotpfropfen ein Schloss bauen

Sperrgut-Marken der örtlichen Mafia

Kleine Ungereimtheit in einem sonst süffigen Gedicht

Raumsoziologie nach dem Lego-Verständnis

Wendigkeit liegt in der Not

Gute Besserwissung

Ein Gärtner der nie verreist

Gegen uns habt ihr keinen Strich

Wer verbessert die Welt wenn nicht die linken Weltverbesserer ?

Neue Leichtigkeit: Easy anstrengend, easy dringend, krass easy, easy

Vanille, easy heiss, easy erzogen, easy alt & easy verliebt

Sind Fussgänger lediglich Automobilisten die einen Parkplatz

gefunden haben ?

SOWEIT UNION

Freilaufmöglichkeit für geprüfte Hunde

Den Gutbeäugten bot sich täglich Spektakel

Ein erfülltes Leben bedingt erfüllten Bedingungen

Überall Poesie, das wäre in etwa so wie wenn alles voller Rehe wäre

Das krampfhafte Klammern des letzten Post-it

Kissing Moment Monuments

NACH DEM KAPITALISMUS KOMMT DIE FRAU

Schneide deine Uhr entzwei, gibt doppelt Zeit

Wer immerzu das Gute lobt huldigt dem Bösen

Schmerzen können Ihnen tatsächlich gestohlen werden

Energy Drink ist ein ganz besondrer Saft

Flash forward for what ?

Schon wieder unabsichtlich gehatet

C'est la merde réelle, s.v.p.

Hast du noch Platz in deinem Zimmer vor lauter Medaillen ?

Eyes Wide Schrott ^^

Das Gold in unserem Abfall

„Urbane Minen" nennen sie uns schon

Irgendwo dazwischen muss ein Spalt liegen

Immer noch nicht im Post-Kolonialismus

HUNDE SIND AUCH NUR MENSCHEN

Morgen, kletternde Mutter der Dämmerung

Das Gelbe und das Braunen

Furchtbar fruchtbare Juristen

Cum-Trust: You are that 1 in a Million !

Arm nach der Ausschüttung wirklich aller Ärmel

Sex aus der Schublade

Liebe aus Zeitmangel

UBS, I did it again

Shall we do a quick 5-5-5 ?

Die Pracht einer hübschen Zeugung

Bergsteiger trifft auf Wanderhure

Gehirne die Erotik austrahlen

Schwebende Schwämme assoziativ verbundener Wülste

IF YOU WANT TO KNOW SOMETHING, DON'T GOOGLE IT

Die pinkfarbene Pest (Mädchenspielzeug)

Entspannung im Entwicklerbad

Überall blühende Verwesung

Sich einsingen für eine Scheibe Brot

Ich bin, mein Fehler

Starke Währungen zum sammeln & anhimmeln

Aber die Wahrheit ist viel grösser als ihr Ruhm, Ruhm ist zum fürchten

Überflüsse an Geschehnissen

REALITÄT IST REGIONAL

Bad news, News unfucked oder News die wirklich unterhalten

Wir haben die Wahl

Klebrige Wortfetzen die sich an wächsernen Lippen abseilen

Der Zukunft zugewandt, noch mit Schmisse im Gesicht

Gleiche Stelle, gleiche Welle, bleiche Helle, selbe Delle

Schiess los, Elektronenkanone

Think about the Box

Zu unwichtig um vergessen zu gehen

Haben sie die versteckte Kamera gesehen ?

Blindsein hält unsere Psyche zusammen

Mal fröhlich und lustig, mal traurig und auch mal total verrückt -

der Vielfalt sind heutzutage keine Grenzen gesetzt

Dafür habe ich stundenlang in die Lampe gebrütet

Stossweise geatmet und nach der Uhr getickt

Ist es grob fahrlässig mit den Schultern zu zucken ?

Dann hat man es an den Schuhen

Kriecher sind nur schwer zu Fall zu bringen

Dieser Text ist auch als T-Shirt erhältlich

Wenn Körper zu Sprache wird

Wenn aus einem Kuss ein Bild wird

Wenn aus Luft langsam Himmel wird

Written Sans Sheriff

Wer nie fertig wird ist besonders angewiesen auf Szenenapplaus

Voller Verständnislosigkeit

Am Tisch sitzen Held der Arbeit, Held der Zeit und Held des Gelds

Forget about gender, but we do need another hero

Egos die aufgrund ihrer Existenz auf die Welt schliessen

DAS ELEKTRO VOLK

Für ein Lächeln zu weit hinaus gelegt

Warum grenzen Grenzen immer an andere Grenzen an ?

Der Weg ist wirklich das Ziel, denn das Ziel ist der Tod

Let those ideas make love to each other

Um all den Krach das Schweigen manteln

Endstation Brun

Sich verschwören

VEREINTE AUFGABE DER NATIONEN

Dann heisse Schokolade auf Bäumen trinken

Bibliografische Information der Deutschen Nationalbibliothek:

Die Deutsche Nationalbibliothek verzeichnet diese Publikation

in der Deutschen Nationalbibliografie; detaillierte bibliografische

Daten sind im Internet über www.dnb.de abrufbar.

© 2015 Rafael Lippuner

Herstellung und Verlag:

BoD – Books on Demand, Norderstedt

ISBN: 978-3-7386-0397-2